ドメスティック・バイオレンス

新版

加害者の暴力克服の試み

草柳和之

表紙デザイン＝荒木洋子

岩波ブックレット No. 629

はじめに

私たちの身近に耐え難い不条理が起こっている。

このささやかな本は、そのような状況を変えるために新しい何かを推し進めなければならないという事情によって、生まれたと言ってよいだろう。「家庭は安らぎや信頼を得られる場」と誰もが信じたいのだが、そのような場でこそ許容しがたい暴力が蔓延しているなど、私たちはつい最近まで認めようとしなかった。悲劇は暴力そのものの苦痛だけではない。被害を受けている当人も周囲の人も、それが暴力であることすら認められず、知らないうちに繰り返されていく構造が悲劇なのだ。

ドメスティック・バイオレンス――これは夫婦(別居・離婚後も含む)、恋人という親しい関係で生じる男性から女性への暴力のことを指す。俗っぽい見方では「夫婦ゲンカがひどくなって暴力ざたになった」として、すませられてきた出来事だ。しかし実態はそれを超えた、目をおおわんばかりの深刻な状況に女性が置かれているという事実であり、その数は社会問題と認識すべきほど多発していることが、近年の調査によりわかってきている。

この本は、ドメスティック・バイオレンスの加害側への取り組みと、それによって派生する新たな見方を中心に書かれている。男性読者、例えば実際に暴力をふるっている人やその知人にとって、男性がパートナーにふるう暴力の問題をどう考え、その克服の道のりをどう歩むかについて、さまざまな示唆が得られるだろう。また女性が読者である場合も、加害男性について理解することや、ドメスティック・バイオレンスの取り組みを従来と違った視点からとらえ直すことができるだろう。しかし、おそらくほとんどの読者にとって、ある時点からページを読み進めるのが苦痛になってくると思われる。それはドメスティック・バイオレンス(以下DVと略)に取り組む人々、直接かかわりのない人々を問わず、どのような立場であっても、目をふさいでいたい部分まで問い直す作業を含んでいるからだ。

この小著の入り口の段階で読者にお願いしたいことがある。恐らくこの本を読むと、読者の体験の中で信じようとしてきた価値・ものの見方をくつがえす内容が出てくるだろう。人間は自分が見たいものだけを見ていたいものだ。筆者は、これまでの人生の中で読者が支えにしてきた価値観を否定するつもりはない。しかし、読者の個人的体験を超えて、「DVのさまざまな側面を総合的に見て、本当にどう考えたら真実なのか?」という点を優先していただきたいと思う。これまでのDVの見方の中には、無自覚にすり抜けていってしまう問題が数多く存在している。DVの問題は、男性にとっても女性にとっても、また筆者のような援助専門家にとっても、自らが問われずに考えていくことはできない。容易に問いかけの回答が出ない地点に、痛みをもって立ち続ける以外にないのである。そしてようやく「本質的に何が起こっているのか?」が明らかになってくる——そのような強靭さを筆者自身が持ち続けたいと願い、また多くの方に望みたい。

残念ながら本書では、ドメスティック・バイオレンスの日本での全体像、特に暴力被害を受けている女性への取り組みについてはほとんど触れることができなかった。紙数の制約により、DVの最低限の理解のための情報を盛り込むのが精一杯で、暴力をふるう男性側への試みと、それを通じて得られた新たな視点について重点を置かなければならなかったからだ。そのような他の重要なDVの実情についていては、ぜひ関連書籍をお読みいただきたいと思う。

新版刊行にあたって

一九九九年の第一版刊行の時点では、DV防止法の制定すら困難を極めていた状況であった。しかし新版刊行にあたり、DV防止法の施行、社会におけるDV問題の認知度の進展、その後の著者が行っている加害者プログラムの格段の発展、といった諸要因から不十分または状況にそぐわない記述となった部分について、用語の改定や記述内容の改変を大幅に行った。

また、第一版刊行以降のDV加害男性に対する心理療法の理論と技術の発展には著しいものがある。第一版では「人権・臨床、それぞれのアプローチの限界」の項を設けていたが、現在では人権・臨床を有機的に統合化したアプローチが構築されており、その項の内容はすでにそぐわない点が多いため、改訂にあたり削除した。

ドメスティック・バイオレンスとは何か

ドメスティック・バイオレンスとは、単なる夫婦の不和とは区別して考える必要がある。このただ中にいる人はどのような経験をするのか、次の女性の証言(ある相談室の面接)をまずはお読みいただきたいと思う。これは本人の承諾により細部を改編してはいるが、実際に起こった事実をもとにしている。

ドメスティック・バイオレンスの事実

短大を卒業した私は、彼より一足先に社会人となり、歯科衛生士として仕事をしていました。まだ歯学部の学生であった彼は、同じ大学の先輩で、在学中に友人の紹介で知り合いました。彼はボウリング部に所属していたので、私たちはデートといっても、彼の部活動を通して、他の部員の人たちと一緒のひとときを過ごすことがほとんどでした。二人でいる時に、彼はふだんとは違い、人を見下した横柄な態度をとることがありました。

彼は大勢の中では明るく陽気に振る舞っていましたが、実は幼少時から父親の暴力の中で過ごしており、ふだんは大学近くに一人で住み、父親が暴れているという連絡が入ると、急遽両親のもとへ飛んでかえるといった生活でした。

夜中に電話が入り、「親父に殴られた」といっては、電話の向こうで泣く彼に、私ができることは精一杯やってあげたい、私が彼を支えてあげなければと思うようになりました。

彼の暴力は、結婚後一カ月ほどしてから始まりました。最初は罵声からでした。ふだんは温厚で人当たりのよい彼が、突然どなり出し、私が彼の豹変に驚いて返事もできないでいると、「俺をバカにしている」とますますエスカレートし、テーブルをたたき、暴れだしたのです。私は驚きと恐怖の中、何の対応もできず、気がついたら激しく泣きじゃくっていました。

また、出勤時間が早い私が、彼の一方的な性生活に応じ切れないでいると、その腹いせに彼は週末に友人を連れ帰るようになりました。そのような中、彼の祖母が亡くなりました。祖母が入院している時は私も毎日のように病院に顔を出していたのですが、お葬式の準備で一時帰宅する途中、足のマメがつぶれたため、彼に最寄り駅までタクシーを使ってよいかと聞くと、彼は路上でいきなり私の襟首をつかみ「何もしていないお前が、生意気言うな」とどなり出しました。私は彼から何度も平手打ちをされ、ネックレスは引きちぎられ、ブラウスのボタンは吹っ飛びました。

優しくなったり凶暴になったり、約半年周期の彼の暴力がエスカレートしてきたある日、泥酔した彼から「これからお前をブッ殺してやるから、首を洗って待っていろ!」と電話が入りました。緊張状態の続いた生活に、私は、「今度こそ殺される」と思い、助けを求め実家に戻りました。その後、「これからはキチンとする」という彼の言葉を信じて戻ることにしましたが、私を待っていたのは彼の恨み節でした。私は彼を見抜けなかった自分を責め、彼に振り回される生活の中でアトピーが悪化し、顔面の皮が全部剝けました。眼精疲労を感じ、受診した眼科ではアディー(自律神経系の問題で発症する症候群)と診断されました。姑からは「お兄ちゃん(彼のこと)の相手は、この子には無理ね」と言われるだけでした。

別居し離婚に向けた話が進み出すと、彼は同じ大学の共通の友人らに私の様子を偵察させるようになり、あらぬ悪評を立てられ、周囲から孤立させられました。彼からの嫌がらせは、彼の友人が関与することで、職場にまでおよびました。

ＤＶ――その見えざる深刻さ

読者には信じがたいかもしれないが、これらがＤＶ女性被害者が経験する〝ありふれた〟実態なのである。これほどの暴力をふるう男性はあまり多くないのではないかと考える方もおられるだろう。しかし一九九八年五月に発表された東京都による『「女性に対する暴力」調査』はたいへんなインパクトを与えた。東京都内在住の男女約四五〇〇人を対象にしたこの調査は、ＤＶの公的調査としては初めてのものだった。一斉調査による統計的手続きを踏んだもので、今後も信頼性のある基礎データとして残る調査である。

それによると、身近な男性から暴力を受けた経験のある女性は三三％、すなわち三人に一人が経験していることになる。また暴力が何度も繰り返され、立ち上がれなくなるほどの危険な暴力を受けた経験のある女性は全体の三％、この比率は東京都在住の二〇～六四歳の女性の九万人に相当するという結果である。緊急な救済が必要な女性が都内にこれほど潜在しているということである。夫やパートナーからの暴力という経験は、家庭の個人的問題として済ませられるものではなく、明確に社会問題として再定義されるべき問題であって、日本でそのようなコンセンサスの形成を促進するデータと言えるのだ。

ここでＤＶに関するデータを列挙してみよう。多くの方にとってにわかに信じがたい記述であろうが、これらは全て事実である。

◆一九世紀までのイギリスの慣習法では、妻は夫の「動産」であって、夫は妻に対する〝身体的制裁権〟が認められており、夫の親指の太さ以下であれば棒やムチで叩いてよいとされていた（通称〝親指の原則〟）。
◆夫の妻に対する制裁権が初めて否定された判決は、一八七一年米国のアラバマ州とマサチューセッツ州のものであった（一九世紀後半までDVは合法だった!!）
◆米国の殺人事件のうち一三％は夫婦間のもので、女性被害者の約三〇％はDVが原因である。
◆米国の正式統計では、毎年二〇〇万人の妻が夫から殴打されている。
◆米国では一八秒ごとにDVが起こっているが、警察に通報されるのは二五〇例のうち一件のみである。
◆米国では七人のうち一人は結婚生活で夫からレイプされている。
◆米国では、連邦政府が全国どこからでもかけられるDV専用電話を設けている。
◆一九七四年に全米（当時人口二億五〇〇〇万人）で二カ所だったDVの民間シェルター（避難所）は四年後に二〇〇カ所を超え、一九九九年には一五〇〇カ所以上存在する。
◆日本では、DVで死亡した女性被害者は平成一二年度で一三〇人余りである（『警察統計』による）。

DVとは何か

ここで、ＤＶ(Domestic Violence)とは何かを整理しておきたい。Domesticとは〝家庭の〟という意味であり、直訳すると〝家庭内暴力〟となる。しかしＤＶの内訳は、直接言葉を反映しない部分が多く、夫から妻への暴力を中心に、恋人、婚約者、内縁関係、事実婚、元恋人、元婚約者、元夫との関係も含む暴力である。

読者に、より注意を喚起したいのは、ＤＶの暴力とは何を指すのかという点である。ＤＶの暴力の内訳は、⑴身体的暴力、⑵言葉の暴力、⑶性的暴力、⑷社会的暴力、⑸物の破壊、⑹経済的暴力、と分類できる。

⑴　身体的暴力は暴力として理解しやすい。平手打ち、殴る、蹴る、などであるが、気を失うほどのショックや痛みを与えたり、打ち身、外出血、骨折などにいたる例も多い。妊娠中に腰や腹部を殴打された例もある。

⑵　言葉の暴力は次のようなものである。「役立たず」「人間のくず」などの人格をおとしめる言葉、「誰に食わせてもらっている」「お前は俺の言うことをきいていればいい」など枚挙に暇《いとま》がないが、さらに夜中に三〜四時間正座させられ、その間中罵声を聞かなければならなかった、という報告も多い。

⑶　性的暴力は次のようなものである。セックスの強要、避妊の非協力、浮気を繰り返す、

性風俗店に繰り返し通う、見たくないのにポルノビデオ・雑誌を見せられる、中絶の強要。

(4) 社会的暴力とは、買い物の制限、友人・実家などとの付き合いの禁止、手紙の無断開封、外出・電話の細かいチェックなどである。

(5) 物の破壊とは、怒って部屋の物を壊して脅したり、女性の大事にする写真・手紙・物品を棄てたり壊すことによって、精神的打撃を与える行為である。

(6) 経済的暴力とは、生活費を入れないか極度に低額しか渡さない、健康保険証を貸さない、働くことの妨害などを指す。

DVの暴力の性質

DVの暴力には、通常の夫婦ゲンカと区別しなければならない重要な特徴がいくつかある。第一に、さきほど述べたように、セックスの強要や避妊の非協力などの性的暴力、男性との会話の禁止や外出・電話の制限などの社会的暴力、その他、女性に苦痛を与える広範な行為であり、身体や言葉によるものだけでないということを認識する必要がある。第二に、いくつかの種類の暴力が複合的に行使されているケースが非常に多いという点も見逃せない。第三に、先の女性の証言を読むとわかるように、加害男性は非常に暴力的な人物というわけではない。家の外では配慮ある穏やかな人物として通っていることも多く、大部分は暴力が向かう対象は親しい関係に限られている。そして激しい暴力をふるう時期と、配慮ある優しい時期が交互に起こっている。

ＤＶの話で必ず触れられるのが、「暴力のサイクル理論」で、この領域に重要な足跡を残したレノア・ウォーカーという米国の心理学者が提唱したものだ。彼女が著した『バタード・ウーマン』(金剛出版)は、今やＤＶの古典的著作と目されている。彼女は暴力を受けた数多くの女性の聞き取り調査をつぶさに検討することによって、非常に注目すべき発見をしたのである。それはＤＶにはサイクル(周期)があり、三つの段階を繰り返しながら女性が暴力を被る関係を続けているという点だ。まず「緊張の蓄積期」でパートナーのストレスが蓄積され、ささいなことでイライラがつのってはいるが、暴力は抑制された段階だ。そしてついに抑制がはずれ、一気に暴力という形で表現される「暴力爆発期」がくる。さらに暴力後の男性は、謝罪して極度に優しくなり、つくしたり、贈り物をするなどの「ハネムーン期」がやってくる。やがて「ハネムーン期」はいつしか緊張が蓄積する段階へと移行するという具合に、外部からの強力な介入がなされない限り、自分たちの努力は実を結ばずこのサイクルは巡り続けていく。

図１　暴力のサイクル

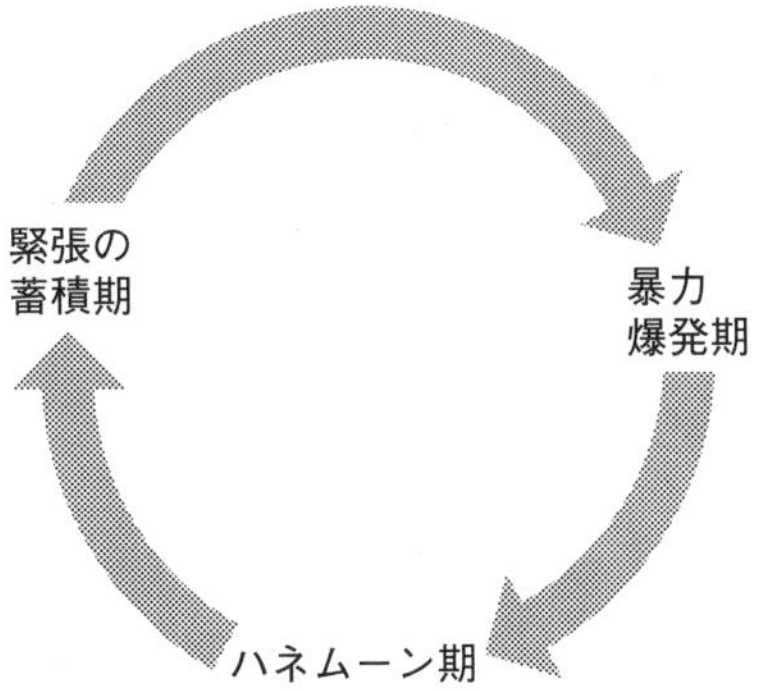

被害を受ける女性は、このような一連の移り変わりによって非常に混乱してくる。殴られ、たたかれ、暴言で辱《はずかし》められた後、改心して優しくなった「ハネムーン期」の夫を、疑いつつもやはり今度こそ信じたいと思い、自分もいっそう落ち

度のないように彼を気遣わなければと自らに言葉をかけ続けるのである。あるいは、悪い時のことは忘れて、彼にはいいところもあるのだからと自分を説得しながら、関係を切ることの大変さより、なんとか持続していく日常の中に向かおうとしていく。そうしていつの間にか暴力をふるわれても生きていくための価値観を作り上げていってしまう。つまり、暴力をふるう側にとっては、常に暴力を行使するより時折行使するほうが、関係を続けていくために効果的なのである。

また彼女としての精一杯の配慮にもかかわらず、暴力は減っていない点も重要である。よく考えてみるとわかるのだが、夫にとってそれほど気に入らない妻ならば、別れるのが自然なのだ。それを別れもせず罵倒し、暴力をふるい続けているというのは、そのような虐待的関係が成立できる相手を必要としている証拠である。加害男性は相手との関係の中に、温かく、理解し、努力しあえる本来のパートナーとしての前提と異なった目的を入り込ませている。悲しいことだが、女性がどれほど誠意を尽くしたとしても報いられることなく、彼の生き方のバランスをとるための人生の一部分に取り込まれていくことになるのだ。

身体的暴力に関しては、子どもが泣きやまない、仕事上のストレス、帰宅時に妻が直ちに姿を見せないなどきっかけは何でもよい。まさに「理由なき暴力」なのである。妻の側は何が暴力のきっかけになるかわからないため、常に脅えながら生活を送ることになる。男性の言葉の影響もあり、それを予見できない自分に非があると自責したり、慢性的な無気力に陥ることも多い。

DVの暴力が奪うもの

一九九八年、世界保健機関（WHO）の理事会に、WHOの憲章前文にある〝健康〟の定義の改正案が提出された。従来は、身体的・精神的・社会的という三つの側面での規定であったが、それにスピリチュアリティ（霊性）という第四の側面を加えた。スピリチュアリティとは、人間の尊厳という精神より高次の側面である。DVの暴力は身体的外傷・精神的問題・社会的不利を与えるだけでなく、本質的にスピリチュアリティという人間の健康のより深い部分にダメージを与える行為であろう。DVの暴力の分類でいう、身体的・性的・言葉・社会的・経済的、どの暴力であっても、共通してスピリチュアリティ（個人の尊厳）を損なう性質をもつといえる。

そして、身体への暴力は外傷だけでなく、時に生命の危険にまで及ぶ。身体的暴力は目に見えるので他人にもわかりやすいのだが、精神的暴力は軽視されがちである。しかし、精神的暴力は周囲の無理解や誤解から二次被害を受けやすく、被害女性は誰にも理解されない孤独の中で苦しむのであり、それをトータルに見ると精神的暴力のほうが長期の深刻なダメージを被ることも多いので、身体的暴力より精神的暴力のほうが被害が軽いという考えは修正が必要である。身体的暴力は恐怖感を与えるのに効果的であり、精神的暴力は屈辱感や無力感を与えるのに効果的である。

被害女性への取り組み

ここで、従来DVの取り組みの中心だった被害女性(バタード・ウーマン：BW)への支援の実践について、ごく簡潔にふれたい。

DVの状況は女性にとって周囲からの理解を非常に得られにくく、自分への自信も奪われているので、解決に向けての出口を見失いがちである。DVからの離脱を援助するには、通常の相談機関や精神科医療機関では不十分である。加害者からのコントロールのメカニズムを熟知して、それを脱するためのノウハウの蓄積、暴力被害の後遺症への十分な理解が必要である。公立の女性会館・婦人相談所、民間の女性団体・女性支援の相談機関がその窓口だが、一九八〇年代後半から着実にDVへの対処を積み重ねてきた機関から、いまだ理解が不十分な機関まで、その幅が広いのが現状である。

BWは、恐怖やいい知れない苦痛を抱えながらも、夫と別居の話し合いをどうするか、離婚すべきか、子どもにどう説明するか、気力が出てこない、など厳しい問題に立ち向かわざるをえない。危険度が高い場合はシェルター(避難所)の利用も考えねばならない。各都道府県の婦人相談所が公的シェルターの役割を果たしているのだが、利用期間の短さ、手続きの繁雑さ等の問題があり、民間シェルターは常に空き待ちの状況で、公立・民間とも改善が急務である。離婚に向けては弁護士による法律的支援も必要だ。家庭裁判所での調停でも、調停員の被害女性への無理解や男性側の強硬な態度により、困難な事態をきたすこともまれではない。これらバラバラの支援体制を、統合的システムに組み替えることが待たれている。

さらに、ＤＶは単なる暴力被害や外傷の問題でなく、ＰＴＳＤ（心的外傷後のストレス障害）のケアのための精神医療・心理臨床という心の病理まで視野に入れるという認識が不可欠なのだ。慢性的暴力による精神的後遺症、すなわち驚愕反応や悪夢、抑うつ、感情の麻痺、無力感や絶望感などの多重的な症状に苦しむことになり、社会的救済に加えて、新たな〝生き直し〟のための精神的な基盤を再構築するためのグループワーク、トラウマ・ケアの専門カウンセリングが必要である。自助グループも各地で立ち上がって数を増やしており、ＢＷにとって有益な経験をする場合も多い。ＢＷは長年の精神的打撃により、何よりも混乱し、気力が萎《な》えている中で、自分の内にある怒りの感情さえも見失ってしまう。自らの経験を語り、当事者同士支え合い、苦しい中でやり抜くための具体的な知恵をもらいながら、本来の自分を取り戻す作業を行っていくことが重要である。

日本では二〇〇一年一〇月にＤＶ防止法（配偶者からの暴力の防止及び被害者の保護に関する法律）が施行された。

この法律は、ＤＶが犯罪と規定されたこと、ＤＶを国や自治体が取り組むべき施策として位置づけたことなどが画期的であった反面、暴力を身体的なものに限っている点、保護命令の実効性の低いこと、被害者の自立支援が極めて不十分なことなど、大きな限界が存在する。なお、二〇〇四年五月に、ＤＶ防止法が改正された。そこでは、暴力の定義の拡大、保護命令の対象の拡大、都道府県への基本計画策定の義務づけなど、注目すべき進展が盛り込まれたが、加害者に対するプログラムの位置づけがなされていないなど、今後に残された課題も多い。

本書では紙面に限界があり、ＤＶ防止法についてはあまり触れていない。近年出版の類書で多く述べられているので、それらを参照していただきたい。

加害男性のプログラムと方法論

加害男性のアプローチの枠組み

これまで見たように、ＤＶの暴力は単なる夫婦ゲンカの水準を超えた状況である。多くの加害男性は、殴られ・蹴られ・暴言を受ける側の痛みや恐怖・屈辱・悲しさに全く無関心で、想像を絶するほどの共感性の欠如がある。それはまさに病んだ対人行動様式、世界観だと言わざるを得ない。それを臨床心理学では〝暴力嗜癖《しへき》〟の病理と位置づけている。嗜癖とは心身を損なう習慣的行動で、それが自分や周りの人にとって害があるとわかっていても止められない行動を指す。その定義からしても、当人・周囲にとって心身にわたる害をなしていると認識した場合でも、当人がＤＶの暴力を止められないという点で、明らかに嗜癖行動に相当する。

ＤＶの暴力というものが、〝嗜癖の病理である〟という考え方を初めて目にした方には唐突に思えるかもしれない。暴力が嗜癖の中に位置づけられるとしたらどうなるか考えてみよう。

嗜癖は次のような三種類に分類できる。

(1)　物質嗜癖――アルコール・薬物・食べ物・たばこ等

(2) 行為嗜癖――ギャンブル・買い物・盗み・仕事等

(3) 人間関係嗜癖――暴力・恋愛・世話焼き等

(1)物質嗜癖とは、アルコール・薬物・ニコチンなどの物質を体内に取り入れることに耽溺《たんでき》する行動だ。(2)行動嗜好癖は、ある行為・行動のプロセスに酔う習慣で、ギャンブル・買い物・盗みなどがこの分野に入る。現在問題になっているワーカホリック(いわゆる仕事中毒)は、社会の価値観と地続きであるのでなかなか脱却が困難である。(3)人間関係嗜癖とは、暴力・恋愛・世話焼き等などの人間関係のあり方に没頭する行動習慣である。この人間関係嗜癖は、往々にして通常の人付き合いの中にも含まれるので、嗜癖の中でも一番わかりにくいであろう。例えば恋愛嗜癖と恋愛の違いを考えてみよう。恋愛嗜癖の場合は常に誰か異性を求めてやまず、相手が存在すると、自分の中の言い知れぬ空虚感を埋め合わせるために、愛情確認や一緒にいることなどを求め続ける。この場合、内的な空虚感が満たされることはないので、悲しいながらお互いが安定した愛情関係に落ち着くことはない。一方、恋愛の場合は、気持ちが満たされれば安定した愛情関係に移行していくことが可能なのである。DVの暴力は、このような人間関係嗜癖に属することになる。

この場合、「加害男性は暴力嗜癖という心の病理である」と分類することは、理解可能で変化の手立てがあることを意味する。すなわち、男性の暴力は、条件がそろえば、嗜癖の心理臨床の枠組みの応用でアプローチできるということであり、これが加害男性のDV克服の基本前提の一つである。一般に言われているような「暴力は性格の問題」とか「意志が弱いから暴力をふるう」とは違うのである。自助グループ活動も嗜癖問題として加害男性をとらえた取り組みの延長にある。

暴力をふるうことが心の病理によるというと加害男性の責任性が低くなるのでは、と考える方がいるかもしれないが、そのように考える必要はない。心神喪失とされて責任を回避できる心の病理というのは、全体の中でもわずかである。むしろ病理であるから、身体の病気と同様に、家族や近縁の人に対して、それを克服し回復していく責任が大いにあるのである。

取り組み開始前後の状況

筆者がDVの男性側の取り組みを開始する以前は、誰一人としてカウンセリングを受ける加害男性(バタラー)はいなかったのだろうか。実際はそうではなかった。ごく少数だが、精神科のクリニックなどに足を運ぶ加害男性は存在していた。しかし、医療・相談機関側がDVのメカニズムについて熟知していなかったために、次のようなことが起こっていたのだ。

暴力をふるわれてきた妻は、何とか夫に変わってほしいので、ある日思い切って「カウンセリングを受けてほしい」と実際に口に出す、そのような出来事が起こったとしよう。ほとんどの男性は「オレのどこが精神的におかしいというのか！　お前のほうに問題があるから手が出るんじゃないか！」と怒り、妻の願いを無視するか、逆上して暴力をふるうことになる。しかしごく一部は、どこかで自分の問題性も感じて、半ばお付き合いの場合も含め、夫は精神科などにカウンセリングに訪れていた。

カウンセリングを受けている加害男性は、苦痛を被っている側の立場ではなく、どうしても自分の事情を中心にして経過を話すことになる。自分(夫)も努力しているのだが、やむを得ず叩いてしまう事情や、本当はそれを望んでいるわけではないという思い、あるいは妻が自分の気持ちを理解してくれず、言い合いが嵩《こう》じてしまい、言葉で攻撃される結果の暴力なので、妻にも責任があるのだから妻の側も努力してほしい、などということが話される。回数や暴力の中身も、妻から見ると割り引かれていたりする。

実際、加害男性の語る話は、それだけを聞いていると辻褄《つじつま》が合っていて、物事の認識も混乱しているように見えないので、聞く方はそれを真実と受け取ってしまう事が多い。DVの性質を知らない精神科医・カウンセラーは、彼の話を聞くと、彼をねぎらい、妻のいっそうの努力を要求したい気持ちが生じてくる。大概、夫に精神病理的な対処が必要な状態ではないので、夫婦関係の調整の問題としてカウンセリングが進められる。そこでは仮に妻がうつ状態であっても、単に妻の側での病理ととらえられ、暴力被害によるより広範な問題のひとつという視点はない。これでは、被害者側のケアも深く考慮に入れながら、DVという大きな社会的背景をもった加害の問題を解決していくという観点が欠けているといえる。最悪の場合には、事態はそれほど深刻ではないのでカウンセリングの継続の必要はないと判断し、彼を励ましたりもする。時には「暴力だけはまずいから何とか避けて、奥さんをうまく操縦するように」などと助言を受け、夫は意気揚々と帰宅し、妻は夫へのカウンセングなど効果がないものと落胆する。

わずかにカウンセリングに訪れた加害男性には、おおよそこのようなことが目立たずに起こってきたのである（そして現在でも、このような実態は大きく変化しているとは言い難い）。被害者の気持ちに最大限寄り添ってきた相談室やシェルターのスタッフは、女性への甚大な苦痛への理解などみじんもない男性からの罵声のクレーム、ストーキング行為にも出会ってきた。そのような立場からは、このような加害男性へのカウンセリングに不信をいだいてきたとしても自然なことであろう。長い間無念さを感じながら地道な努力を重ねてきた女性側の援助者にとって、加害男性の専門相談がはじめられたとしても、容易にその効果を信じるわけにいかないのも当然であると思われる。

加害男性のＤＶ克服の問題に着手する前に、そしてそれ以後も、筆者がこの話を人に語った際、「加害男性側の取り組みは、現時点ではまだ早いのではないか」という感想が返ってきたことがある。これには一見うなずけそうで、実は勘違いが含まれていると思われる。そこには、加害男性に対して何かを試みるというのは無理、という前提がある。そのような〝期待できない〟領域の取り組みを開始するというのは、どの時点でも〝早すぎる〟ことであり、〝適切な時期〟など存在しないのだ。逆に言えば「開始した時が適切な時期」なのである。やむをえないことなのだが、長年、加害者に対しては、DVに取り組む側が心理的なバリヤーを解除できないでいたのである。

あえて誇張した表現を使えば、筆者が加害男性のDV克服の枠組みの構築を目指して、専門相談を開設したということは、DVの従来の常識を覆すことだったのである。男性加害者の専門相談を実施している機関が極度に少なく、開始して間もない現状では、その効果に疑いの目が向けられるのは、ここ暫《しばら》くは自然なことだったといえよう(もちろん筆者としてはそれを積極的に望んではいない)。それゆえ、夫と妻それぞれが別の相談機関で担当している相談ケースでは、被害女性支援を中心とする相談機関のスタッフが、筆者の活動に対して混乱や誤解を生ずる傾向もあった。

一方で、筆者の活動に関心をもつ被害女性対象の相談機関との間で、意外な相乗作用のある相談ケースも経験している。加害者—被害者それぞれを担当する相談機関どうしの連携の問題は、別に機会を設けて詳しく述べたいと思う。加害者側—被害者側という対極に位置する相談機関が、ある共通理解のもとに援助ネットワークを形成しうるというのは、筆者の専門相談開始以前には想像できなかった新局面なのである。

加害男性側の取り組み

ここで筆者の実践の紹介をしていきたい。一九九七年一二月、加害男性の専門相談の開設がその発端であった。これまでの活動の蓄積から、加害男性向けのプログラムの柱としてどのようなデザインが描かれてくるか、その一部を示したい。これらは、今後、男性側への心理臨床や相談活動を実践していくうえで、ささやかなモデルケースになっていくと思う。

(1)加害男性の専門相談

筆者は嗜癖(依存症)・家族内トラウマの総合的ケアを目指す精神科クリニックとその関連機関で、主に集団心理療法プログラムを通じて被害女性の援助に携わってきた。同時に、筆者が主宰する心理相談センター「メンタルサービスセンター」において、加害男性を中心に個人・グループのプログラムを発展させている。すなわち、現場は異なるが、被害者・加害者双方にお会いしているという、従来のDVの実践にない特異な立場にいるので、被害者・加害者両方のサポートを、トータルに把握できるという有利さがある。

専門相談を立ち上げるというのは、単に加害男性を対象にカウンセリングを始めたという事柄とは本質的に異なる。男性側を含め格段に進んでいる欧米での実践状況とは違う日本の実情を考えながら、それに適合した加害男性の心理療法の方法論・技法を整備する目的を強く意識していた。そこに含まれる項目を挙げると、相談ノウハウの枠組みの蓄積、有効な心理療法的アプローチの探求、加害者プログラム運営システムの構築、ということが並ぶ。これは、全ての暴力行為の克服と、ライフスタイルの歪みの修正、被害者に与えた理不尽な苦しみの責任性の直視、徹底した誠実さの探求などを目的とし、心理教育的アプローチを有機的に組み込んだ心理療法である。専門相談の実施内容等については後述する。

(2)加害男性自助グループ活動

本来自助グループとは、同じ問題をもっているもの同士が出会い、思いが煮詰まって誕生するものだ。自分たちの問題は自分たちの力で解決していきたいという意志が、グループでの語り合いという形式をとり、お互いに支え合っていくのである。

さてＤＶにおいてはどうであろうか。被害者女性の自助グループはすでに数多く存在している。しかし、加害男性の自助グループは自然発生的に立ち上がってくるというのは、非常に考えにくい現象だ。妻に暴力をふるうというのは、誰にとっても誇らしいことではないし、公言がはばかられる内容である。お互いに暴力という乗り越えるべき課題をもっていることを認識しあう機会は、極度に限られてくる。また、女性は互いの気持ちを自然に共有できる文化をもっているが、一般に男性は女性より自分の胸の内を語りにくい。例えばイベントに参加する際に、女性はしばしば連れ立って訪れるが、男性がそのような行動様式をとるのは皆無ではないけれども、女性に比べてずっと少ない。男性は女性に比べ互いに断絶している存在なのである。それゆえ、加害男性の自助グループが成立するためには、その必要性を感じた非当事者が、何らかの方法で当事者を集めて発足するという暫定的段階から始まる。そして、その活動が当事者にとって必要不可欠であり、自分たちが主体で活動していく機運が高まった段階で、当事者運営という本来の自助グループに移行するという変遷をたどることになる。筆者らは加害男性が集うイベントを行い、その参加者有志と、専門相談の一部の方とが合流して、一九九八年一〇月に自助グループが発足したのである。

「私たちは、目をそらさない」――これは自助グループの紹介の案内に掲げたキャッチコピーだ。自助グループ例会は現在毎月二回夜に開催、これまで述べたような当事者運営に発展することを前提に、心理相談センターの代行主催という形をとっている。

ここを訪れるのはＤＶという〝問題縁〟で結ばれた人々だ。つまり、暴力によって自らの生き方やパートナーとの信頼を破壊したことを自覚する人々が、内なる健全さを回復する欲求をもってやってくる。加害男性のみがそこに集い、一人一人が体験談を話し、また他者の話に耳を傾けながら、暴力を止めるために自らを内省していく活動を行うのである。近縁の活動では、断酒会のようなグループをイメージするとわかりやすいだろう。自助グループでは実名で呼びあわず、自分でつけたニックネームを用いている。スタッフは筆者を含む心理臨床家のボランティアで、趣旨に賛同される方の寄付も若干受けながら、過渡的な運営サポートを行っている。自助グループ活動の役割については三二ページ以下で述べる。

(3)暴力克服ワークショップ

これは、「暴力を必要としない生き方を取り戻す」ための、週末の土・日、約八時間半の集中的グループワークである。三カ月に一度、年四回のペースで実施している。現在、スタッフは男性セラピストだけでなく、加害者の暴力克服を促進するために被害側の視点を重視する意味で、被害者支援に携わってきた女性セラピストが加わっている。これは米国の加害者プログラムで行われている方式であり、それをいち早く筆者は取り入れているのである。

このワークショップは毎回統一テーマを設定している。例を挙げると、コミュニケーションに伴う破壊的意図に気づく/変化への抵抗とジェンダー/パートナー依存/責任を問われる恐れを受けとめる、等である。プログラムは、これらのテーマのレクチャーという心理教育的アプローチから開始し、基礎的な実習から、ワークシートのチェック、小グループ討議、ロールプレイ等を交えて進んでいき、最後には個人の課題に焦点をあて、心理劇・ゲシュタルト療法(内面の諸感情を分化して表現し、統合化していくアプローチ)などの手法を使って、集中的に自分の限界を超えるための試みを行う。このように教育的プログラムから導入して、段階的に治療的プログラムに発展していく構成をとっている。

筆者は米国のDVに専門に携わっている男性カウンセラーによる研修も受けており、コロラド州で実施されている暴力克服グループ・プログラムも全部ではないが所有している。さらに筆者の長年の集団心理療法(心理劇など)やワークショップの経験を踏まえてプログラムを構成し、将

図2　暴力克服のためのプログラムの3つの柱

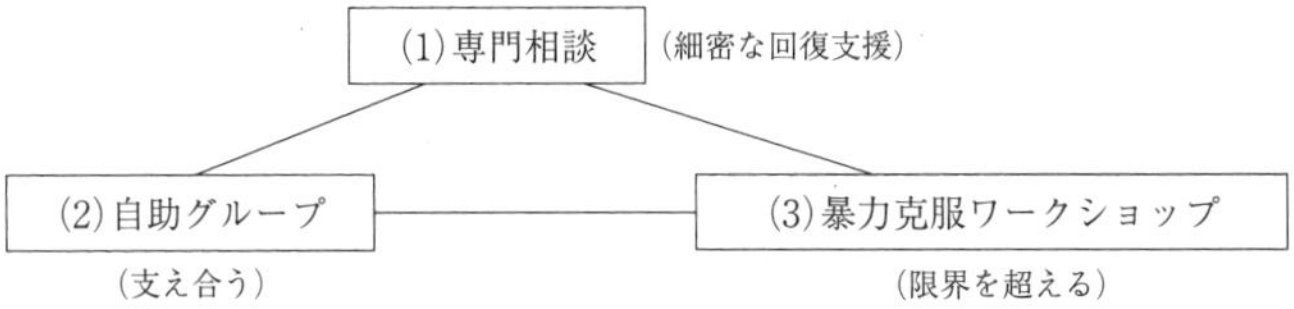

来の「日本版：暴力克服グループ・プログラム」の基礎を作るためのランニングを行っていく。カウンセラーで研究チームを組み、各セッションの流れを評価しながら、報告書として残していく計画である。

全体的な構図としては、(1)加害男性の専門相談、(2)自助グループ活動、(3)暴力克服ワークショップ、の三者を軸にしながら、加害男性が自らライフスタイルの変革をダイナミックに図っていくシステムが形成される。それぞれが他に代替できない特色をもち、メリット・デメリットを有しながら、相乗作用を発揮していくことになる。例えば、①専門相談は、個々の事情を解決しなければならない問題にきめ細かく対応できる。②自助グループ活動は、同じ立場の男性が集いながら、深く自己内省したり、自らの課題に立ち向かう力を当事者の力で活性化することができる。専門相談のような、困難で具体的な問題の解決には向かないが、同じ立場だからこそ通じ合える共感や、対人認知の修正となる気づきには得がたいものがある。③暴力克服ワークショップは、非常に刺激的なグループであり、自分の問題の核心に迫り、限界を乗り超えるためには有益なプログラムである。

これら三つの柱は、それぞれ向く人と向かない人が存在する。「暴力を必要としない生き方」を見出していく人の中でも、これら三つを連動させながら探求していく人、二つを活用する人、いずれか一つのみで自分のペースを守りながら歩んでいく人、などのプログラムの活用の仕方がある。

加害男性の専門相談の枠組み

ここで専門相談の中身について若干の紹介を行いたい。ただし、現在のところすべて継続中といえる状況なので、具体的な事例の紹介についてはご容赦願いたい。加害男性の来所は、大きく分けて二パターン経験している。第一は、子どもが夜のおびえや不登校などさまざまな問題を示したり、妻のほうから離婚を切り出すなど、自分の行動が家族に苦痛を与えていると気づくことがきっかけとなって来所するケース。第二は、例えば妻がシェルターに避難している際に、専門的カウンセリングなどの治療を妻とやり直す条件として提示されるなど、外圧的要因で来所するケースである。当然ながら、自発的意識が強い第一のケースのほうが展開が容易で、第二のほうが困難である。

加害男性が来所することは、非常に勇気を伴う。誰からも非難される行為を、面接で開示しなければならない。自分に向き合うことの抵抗感を超えて、常に来所する意欲を活性化し続ける工夫が必要である。具体的な面接技法については、いずれ専門誌に掲載する論文に譲りたいが、いくつかの留意点に触れたい。

例えば妻や子どもをいかに苦しめてきたかについて、痛みを覚えることは非常に重要な点だ。これが妻や子への愛情の表れであり、それによって自らの暴力克服に向かい合おうという気力が生まれるからだ。また、なぜその男性にとってその女性が妻でなければならないのかを問いかける。すなわち相手にどれほどの愛情を感じているのか、夫婦でいることの必然性を考えていくことになる。これまでの日常性に埋没することから脱して、「何ゆえに家族としてやっているのか」という根本的問いをキャンセルしてきたという事実に直面せざるをえない。いかにこれまでの生活が空虚であったか、本人としてそこに何を新たにうち立てるかを考え直す作業を行っていく。また、専門相談期間中に暴力をふるった際に、虚偽の報告を避ける伏線のための面接技法も考案している。日本の現状にあった面接技法を常に開発しつつケースを進めている。

加害男性の専門相談は、大まかに言うと次の二段階に発展していく。

(1) 妻とストレスを激化しない対応や、妻を対等な人格として認めたうえでのコミュニケーションを身につける。

(2) 本人の人生史上の問題がどう暴力につながるかを発見したり、現在の感情的バランスの回復をはかる。

(1)は現実的なレベルである。これまで多くは些細なきっかけで言い争いが始まり、決まったパターンで口論が激化しながら、ついには暴力まで至ってしまう。そのパターンを発見し、暴力に転落しないポイントを見いだして望ましいコミュニケーション・スキルを強化する作業を行う。例えば、子どもの幼稚園の行事の時に着ていく服を、どの店で買おうかという話の対立がきっかけだったとしよう。話の起こりから次に誰が何と言い、次にそれを受けて誰が何と言ったかを、カウンセラーは加害男性の話を聴きながら書きとめていく。妻とのやりとりが、どのようなプロセスで暴力まで行き着いたかが図示されて、そのパターンが一目瞭然となる。

最終的に夫が激情に駆られて、それ以降歯止めがきかなくなる切っ掛けを発見する。それが妻の「あんたって、本当は子どものことなんか真剣に考えてないんでしょう！」という言葉だったとしよう。言葉のやりとりのパターン図を見ながら、その妻の言葉になる前に、別のパターンに移行することが今までにあったかどうかを思い出してもらう。ほとんどの場合、そのような例外が存在しているものである。その時どのような条件がそろっていて、別のパターンに移行したかを考えてもらう。そしてそのような条件をこれからも作り出すには、何を工夫したらよいかを明確にする。そしてそれを定着するためにロールプレイを実施しながら、リハーサルを行う。別のパターンに移行するポイントは、幾つかの選択肢があったほうが望ましいので、それも明確化する。もしそのような例外が存在しない場合、やりとりのパターン図を見ながら、妻との新たな対応のやり方を作り上げるために焦点を絞り、ロールプレイを実施する。いずれも実生活に応用した際の感想を聴き、どこがスムーズでどこがやりにくいのかを検討する。新たな経験の満足感や戸惑いを受け止めながら、より望ましい関係づくりを目指してのロールプレイを重ねていく。

このようなアプローチを通じて、これまで妻を従属的な存在として見ていた自らの観念に気づき、それがくつがえされることによる怒りが暴力に発展していくことを知ることになる。妻が自分とは違う考えや生き方をもつことを認め、互いに限界があり独立した人格であるということを前提として、家庭生活を営んでいくための経験を蓄積していくのである。

(2)は内面へのアプローチと言える。加害男性は本人の生きてきた歴史の中で、学校社会や家族において自分が尊重されなかったり、踏みにじられてきた経験が見いだせることが多い。時には親からの虐待や、学校での極度ないじめを受けている場合も存在する。このような方には、虐待やいじめの後遺症のケアとしてのトラウマ・カウンセリングが必要となる。子ども時代にDVの家庭で育ち、あのような父親になりたくないと思いながらも、妻への暴力衝動がうまれてきてしまう人もいる。両親の離婚・再婚・病気など複雑な環境の中で、子どもとしての自分が精神的に放置されてきた人もいる。そして自分を受け入れてくれるはずだと願う親密な人間をターゲットに、暴力を行使することで自分の中の傷つきを埋め合わせようとする。極端な家父長的価値観や歪みのある家族の価値観の中で育ってきた人もいる。

このような暴力嗜癖者としての人生を選び取る背景は単一ではない。何代にもわたって家族的なマイナスの遺産をかかえていて、その一つが暴力となって現れている場合が多い。自分の問題の根がどこに起因しているか、人生の歴史の中でたどっていくことになる。

多くの人は暴力の原因を問うが、本質的に重要なのは、「(本人にとって)得るものがあるから暴力を必要とする」ということである。すなわち、暴力の目的とする中身が重要であって、前記の傷ついたものの埋め合わせが、本人の人生の文脈の中で何であるかを見いだしていく。暴力による埋め合わせは、本質に届かない埋め合わせであるから、何度やっても足りず果てしなく繰り返すことになる。これまで隠されてきた暴力の本当の目的を、暴力でなくより健全なやり方で獲得する経験を蓄積することが、加害男性の専門相談の目標となるのである。この第二の側面では、暴力そのものにターゲットを当てた取り組みではなく、もっと深い、暴力を生み出す当人のライフスタイルの根源を取り扱っていこうとする。これは、自らの人生の病んだシナリオを書き換える行為に等しい。本書では限られた説明しかできないが、技法的にはゲシュタルト療法・イメージ療法など、専門的手法を最大限に活用しながら進めていく。

自助グループの現状と課題

当初、自助グループの名称は『妻(恋人)への暴力を止められない男性のための自助グループ』の予定だったが、当事者のアイディアにより『妻(恋人)への暴力を止めたい男性のための自助グループ』となった。〝止められない〟というのは否定的で〝止めたい〟という前向きな姿勢を表現したいとの思いからであった。まさにこの発案は意を得ていると思われる。

一九九八年発足以来、早いもので五年以上(本書刊行の二〇〇四年時点)活動を続けている。延べ人数では相当な人数が例会を訪れた。当初はマスコミを通じて筆者の活動を知って参加する方が多かったが、最近はそれ以外にも自治体の相談室からの紹介や、妻がＤＶ関係のイベントや女性センター等で自助グループの案内を手に入れ、それを夫が手にして参加するケースも増えている。会場は都内だが、関東圏のかなり遠方から来られる方まで存在する。初めて参加した時は事実の経過をまとまって話すのみだった方が、しだいに胸の内まで語れるようになってくる。

例会は月二回のペースだが、毎回のように顔を見せる方から数カ月に一度の方までさまざまである。当然、毎回かなり顔ぶれがかわることになるので、自助グループとしての凝集力がまだまだ弱い。さらに、専門相談と自助グループの両方に参加する人が増えているので、状況がそれ相応に落ち着いてくると、例会に足を運ぶ熱意が減退してくる。

苦しい時期は自助グループを活用しようという気持ちがあるのだが、それで精一杯で、楽になった時に、このグループの社会での活動意義に賛同して運営を担っていこうという思いにはなりにくい。自助グループは相互扶助が本来の役割なので、現在苦境にある人が、何とか状況を改善して乗り越えた人の話を聞くことで希望をもつことができる。また逆に一段落した人が、回復の道を歩み始めたばかりで呻吟《しんぎん》している人の話を聞くことで、自分を新たに振り返る機会にもなる。今のところなかなかそのようなグループになりにくいことが残念である。しかし時間をかけることで、そのような〝先行く仲間〟の役割を継続的に担うメンバーが現れてくることだろう。加害男性の当事者自らの手で運営していく機運が高まって、本来の自助グループに成長していくまでには、まだまだ時間がかかると思われる。

自助グループの役割

実に「世に住む隠れた犯罪者」のごとき意識をもって自助グループを訪れる人が多い。同じ経験を通ってきた者同士だからこそ安心して痛みに満ちた話を語り、また勇気を得ていくという経験に筆者は立ち会ってきている。同じ立場で苦しんでいるだけに、「彼の言うことだから本気で聴いてみよう」という気になる。すなわち、従来からあるアルコール嗜癖(依存症)や摂食障害などの自助グループに相当することが、加害男性の集う場でも起こりうるということなのである。

例えば他メンバーの、妻に暴力をふるったことを悔やむ話を、同じ立場の人が聞くことは、自己内省する力を高めてくれる。自分の体験に照らし合わせて、より暴力克服の決意を与えてくれる。また、何とか努力して手をださずにいるメンバーの話を聞くことは、自分も努力してそれを目指そうとする勇気を与えてくれるかもしれない。当事者同士にしかわかりあえない苦しみ、安堵感は「自らの存在が罪悪」という孤独な中での取り組みに力を注ぎ込んでくれる。

個人心理療法を中心とした集中的試みが仮に終了し、安定を得た段階であっても、自助グループに通い暴力を止め続ける努力が必要であると思われる。そのようなある程度の回復を遂げたメンバーを〝先行く仲間〟と言うが、そのような存在として、暴力を行使してきた生き方から、苦しみつつ脱してきた経験を話すことが、他のメンバーの回復の助けとなる。どん底の、決して許されることのない非道に満ちた話が、実に逆説的なことであるけれど、他のメンバーの暴力克服のために価値ある話に転化することもあるのである。このような実践は、自らの力で自己治癒力を活性化する役割をもつので、専門家という他者からの援助による個人・集団の心理療法とは質の異なった優れた点がある。専門家による心理療法と相互に補完しあう役割を果たすであろう。特に、加害男性は自分に向き合うことを巧みに避ける傾向にあるので、違ったプロセスを歩むメンバーの体験を聴くことは、より適切な認知への修正を促進すると期待できるのだ。

加害者更生の必要性と困難

ここで被害女性支援だけでなく加害男性の更生のアプローチがなぜ必要なのかを要約してみたい。ただし、被害女性支援の取り組みは決して十分とは言えないのであって、以下のことが被害者の救済や心のケアへのエネルギーを減じてもよいという理由にはならないことはもちろんである。

加害者更生の必要性

① DVは暴力をふるう相手があって初めて成立する。つまり被害者と同数の加害者が存在するのである。被害者への支援のみで、加害男性に何の取り組みもなされないことは、男性がそのままでよいという間接的メッセージになってしまう。男性側への取り組みが存在するということは、加害男性の責任性を表現していると言える。

② 被害者への支援のみで加害者側が変わらなければ、新たな女性が被害者となることを意味する。実際このような男性にとって、女性が不在であることは非常な虚無感を伴うので、離婚後、速やかに新しいパートナーを見つける例も多い。そして二度目の結婚生活でも変わることなく暴力を繰り返すのである。暴力を再生産しないために、加害男性の更生が必要である。

③　ＤＶの家庭で過ごすことになった男児は、成人後、妻に暴力をふるう率が高くなることが、欧米の調査で指摘されている。しかし家庭の中で暴力を目撃せざるをえなかった経験をもつ場合でも、ＤＶに至らない男性も多いのであるから、それを強調しすぎるのも不適切であろう。それでも加害男性へのアプローチは、次世代への暴力の連鎖をくいとめる役割を果たすであろう。子どもはＤＶによって精神的被害を受ける。被害者が加害者に転化することを、ぜひとも止める必要がある。

④　子どもが家族にいる場合、先に述べた以上に複雑なことが生じる。夫からの精神的打撃の中で生きていくことは、はなはだしい過剰適応を要するゆえに、妻、つまり子どもにとって母親は、子どもに過大な精神的負担を及ぼすことになる。ＤＶの家庭では父から子への身体的虐待が起こることも多々あるが、母から子への身体的虐待も生じることがある。母親が「お前さえいなければ離婚できたのに」と子どもを責めることもある。また母親が父親に対して秘めたる軽蔑をもちながら、表面上尊敬を装ったり、子どもにも「お父さんのことを悪く言ってはいけない、尊敬できるところもあるのだから……」と諭すこともあるが、これらの矛盾したメッセージの蔓延は子どもにとって何が信頼に足り、何が偽りかを見分けて、他者と自然につながる感覚を蝕んでいく。

常に目を背けていなければならない部分が家族にあり、いつ家族が壊れるかわからない危機感の中で子どもが生きるのは、当然害がある。子どもは、「自分は守られなくて当然な存在」「安心を受け取るに値しない存在」と認識するようになる。対夫との関係で被害者である妻は、対子どもとの関係では見えにくい加害者に転ずることが多いのである。妻(母)や子がそれぞれ十分な精神的ケアを受ける必要があることはもちろんだが、男性が暴力克服のための試みを実践することは、妻(母)が子どもに対して加害者になることをくい止めることにつながり、また加害男性にとってそれを自覚することが必要である。

⑤ 将来、ＤＶ防止法には、欧米なみの受講義務を盛り込む必要がある。その際には、被害女性支援のための十分なシステムのみならず、加害者プログラム実施機関の受け皿が不可欠である。そのための準備段階として、男性加害者の更生支援の方法論について検討し、実践を充実させていくことが必要である。

加害者更正の取り組みが遅れている要因

なぜ加害男性に対する専門的な相談が行われず、自助グループも存在しなかったかについて、ここで要約した。

◆要因その① 正当化や否認の問題

加害男性は暴力の正当化や否認をしがちで、自らの暴力に問題性を感じることが極度に少ない。この問題解決意欲の欠如により、専門的な相談窓口を設けたとしても、この種の人が来所することが期待できないと考えられてきたと思われる。いわば臨床家にとって諦められてきた領域ではないかと推察する。

確かに加害男性の問題解決意欲の欠如は、取り組みを開始したとしても無駄に終わる、と危惧させるのに十分である。しかし被害者と対《つい》に加害者が厳然と存在しているのであり、何も対処しないというのは専門家として望ましいことなのか、考える必要があろう。加害男性の来談がほとんど見込みのないものならば、現状ではまず問題に向かい合う意欲を高め、来談へとつなぐ仕組みを作ることから始める、ということであろう。

臨床活動は対人援助を通じて、社会にさまざまなメッセージをおくる営みでもある。加害男性の専門相談を行うことは、「暴力をふるう男性は健康なパートナーシップに反しており、治療と更生が必要」という認識を社会に広める手立ての一つになる。そして自助グループの活動などを含めて、多くの人に現実を提示することは、暴力を放置するのではなく、相手を屈服させ、傷つけたとしても平然としている生き方を乗り越える力を高める責任が社会にあること、そしてそれを顕在化する活動を促進しなければならない。暴力の正当化や否認を超えて、「悩む能力のある男性」を増やす仕掛けが必要なのである。DVによって相手を理不尽な苦痛にさらしてきた歴史を認めるのは、加害男性にとって恐ろしく、目をそらしたいものだが、その現実を直視し、真剣に苦悩し、全人格をあげて立ち上がることが〝当たり前〟の世の中にしたいものである。

被害女性側の声を聴くにつけ、加害男性の行動様式や対人認知が常軌を逸しており、人格的偏奇から改善が望めないのではと思われるケースが非常に多い。正確な調査は不可能だが、おそらくその割合は五〇%を上回る可能性がある。割合はわずかでも改善意欲のある加害男性を今から変え、そのような努力をしない男性は恥ずべきであるという社会的合意を形成し、努力が期待できない男性に関しては、厳罰化で対処することが望まれるであろう。変化の可能性がある加害男性が、専門的カウンセリングにつながりやすくするためのシステムや、啓蒙活動の展開が必要である。

◆要因その② 専門的アプローチの未確立

モチヴェーションの点で問題のあるこのような加害者に対して、心理臨床家など、専門家側のアプローチの未確立の問題がある。手法や枠組みの整っていない分野へは、どうしても二の足を踏んでしまう側面は否めない。

米国でも加害男性の治療教育的プログラムは、数々の調査では結果に大きな差があり、三年間の非再犯率が数%という調査結果が多く、加害男性の精神療法への適用の困難さを考慮に入れても、十分な成果を上げているとは言いがたいであろう。しかし、言い方を変えれば、米国でも何ら手法が確立していない状況から多くの人々が知恵を集約し、プログラムのない状況では再犯率が高かったものを、わずかでも抑制しているのである。世の中に潜在化しているニーズに応えるのは専門家の役目であるという自覚をいっそう多くの方が持ち、自国の文化風土に合った手法を自力で開発する、そのような姿勢をごく自然なこととするのが時代の要請であるように、筆者には思われるのである。欧米の治療教育的プログラムの成果が不十分ならば、日本の実情にかなったプログラムを開発し、修正する努力をただひたすら継続するのみである。加害者の治療を最初から諦めるのは、臨床家の怠慢というそしりを免れないように思われる。

◆要因その③　フェミニズム運動とのかかわりの抵抗感

最後にこの際あえて明示しにくいことに言及しておきたい。それは加害男性の心理療法に携わろうとする心理臨床家にとって、フェミニズム運動といかにかかわるかは避けて通ることはできず、この点に非常な抵抗感があると思われる点である。ことDVの問題については、男性加害者が存在するがゆえに、そのような人の問題解決のために力を尽くすことで十分である、という訳にはいかない。社会的問題としてのDVにどうコミットするかが求められざるをえない。

その延長線上に、さまざまな草の根でフェミニズム運動に携わる人々、女性学研究者など、男性のあり方を問い直す主張に対して、どのような立場をとるのかが潜在的課題となるのである。女性への暴力に対する取り組みの歴史的変遷、覆い隠され目を背けられてきた事態、そして今後も取り組まねばならない膨大なリストが存在する。これらに関して、臨床家、特に男性の臨床家にとって、基本線に異論はなくとも個人への心理的援助とあまりにも隔たりがあり、姿勢を明確にしづらい側面がある。臨床活動に携わる多くの者にとって、正直なところ気の重い領域であるように思われる。

特に、一部のフェミニズム運動家やバタード・ウーマンの方にとって、男性加害者の心のケアに携わることは、たとえそれが暴力を止める目的であっても、そのような男性の味方をすることであり、容認しがたいと受け取る方がいることは容易に想像できる。実際筆者は、DV関連の催しに参加して発言した後、いわれのない件でむきだしの怒りの言動を直接女性から向けられたり、誤解に満ちたクレームを女性から電話で受けた経験などがある。尋常でない屈辱を経験した人にとっては、加害者の近くにいる者のいかなることも許しがたいほど、耐えがたい痛み、そして怒りを誘発するのであろうと思われる。

加害男性の治療と更生の活動は、こちらが精神的な打撃を覚悟することなしに開始、そして継続できないのが、残念ながら現実である。一方、誤解して頂きたくないのだが、フェミニズムの流れをくむ方も含め、多くの女性からの賛同の表明もあり、心強い思いを経験していることも強調しておきたい。

〝怒れる女性〟の背景、そして「鎮魂」の作業の開始

根拠のないクレームが女性から向けられた経験をしてきたことについて既に述べた。これらは今後も継続することであろう。残念ながらこれらは相手からの一方的なものに終始し、建設的な話し合いになる余地がない。根拠のあるクレームならば、時に議論も可能であろうし認識を深め

ることにもつながる。しかし率直なところ、名状しがたいやりきれなさと憤りを感じるのが常である。

しかしよく考えてみると、これらの出来事そのものが、家庭の中に暴力が連綿と受け継がれ、その精神的負担を封じ込めてきたことの表現であるように思われるのである。ようやく近年になって、その事実がＤＶと名づけられて暴力と位置づけられ、その後遺症が忍従するものでなくケアに値すると認識され始めたのである。人類の歴史上、家族として生きるに伴う〝あたりまえのこと〟とされてきた暴力の一つがＤＶである。二〇世紀の後半は、全体の生存のために個人を犠牲にし、それをやむをえないこととして諦めることでようやく成り立ってきた時代のひずみを清算する、そのような役割を担った最初の時期であった。我々は、疎外され抑圧されてきた無数の人々の精神の〝呻《うめ》き〟を引き継いでいるのである。筆者に容赦ない怒りを向けたその矛先は、本当は他の人物であり（おそらくはかつての加害者とそれを応援した人々）、個々の人物を超えた社会システムでもあろう。

筆者は言うまでもなく心理臨床家としてのアイデンティティをもち、一人一人に直接お会いすることを通じての援助は除外できない活動である。一方で、臨床活動に深く分け入れば分け入るほど、個人・家族・せいぜいグループ療法という形での援助に終始し、社会にコミットしないというあり方は臨床家としての責任が不十分ではないかという感を強くする。個への援助的かかわりの洗練の努力はやめてはならないが、問題の根、つまり社会にとどく実践が必要である。決して報いられることが保証されているわけでもなく、リスクの多いＤＶの男性側の問題を手掛けるようになったのは、このような発想が根底にある。

人は、自ら進んで問われる立場におかれるのは、避けたいものである。しかし、「存在する問題を存在しないことにして済ます」よりも「存在する問題を存在するものと認めることから出発する」ほうが、苦痛はあっても深い納得がいくことだと、あえてここに記したい。ＤＶの問題は、人間が家庭生活を営む存在である以上、どのような立場でコミットしようが、あるいは無視しようが、筆者を含めあらゆる人間が問われているテーマと言えよう。先に触れた〝怒れる女性〟の背後には、既にこの世を去った無名の人々のおびただしい〝怒れる魂〟がある。臨床とはこれらの「魂を鎮める」作業を、個を超えて見つめ続けることのように思われるのである。まさに容易なことではなく、この「鎮魂」の作業は始まったばかりであり、実践を進める立場の違いを超えて模索しなければならない地平であると考えている。

加害男性のDV克服プロセスにまつわる諸問題

ここで、これまでの専門相談などのプログラムを通じて、加害男性がどのようにDVの状況に決着をつけていくかを述べてみたい。ただし現在は、DV防止法に加害者の更生プログラム受講義務が盛り込まれていないため、プログラムに参加する加害男性は自主的に暴力克服を望んで来られた方ばかりである。被害女性の証言を聴くと、冷酷としか言いようのない仕打ちをする男性も多く、このような方に〝DVの克服〟を期待するのも空々しく思えることもある。筆者が接してきた中には、それに近いようなひとかたならぬ人生を送ってきた人もいるが、大部分は加害男性全体からみると問題性が軽度な方かもしれない。

読者の中には「大部分が軽度な人だとすると、加害者用プログラムとしての意義も薄いのではないか」と考える方もおられるかもしれない。しかし、このような先駆的な実践の段階で加害男性へのアプローチを整備していく経験は、加害男性全体を対象としたプログラムが法制化された際に、生かせる方法論が数多くあるものなのである。ともあれ、これから述べる加害男性のたどるDV克服プロセスは本書出版時点のものであり、DV防止法の加害者対策の拡充とともに修正が必要となるだろう。

加害男性のＤＶ克服プロセス

ここでは加害男性がどのようなＤＶ克服のプロセスをたどっていくかを述べてみたい。これまでの経験から、加害男性のＤＶ克服のプロセスを五つの時期に区分できるように思われるので、それぞれの段階について解説していきたい。しかしこの区分はおおまかなもので、二つの段階を行き来しながら、しだいに段階を進んでいくのが実際のプロセスであると理解したほうが正確である。

(1)暴力のサイクルの時期

この段階では、自らの暴力の存在を認めないことも多く、認めたとしても自分の心掛けの範囲にとどまっている。パートナーとの関係がよくなったり、しだいにストレスが蓄積して暴力をふるったりを繰り返す。暴力の問題を見たくない気持ちが強いので、パートナー・子どもが慢性的に被ってきた苦痛には、なかなか目を向けられない。残念ながら一生この時期の生き方を貫く男性がほとんどなのである。

(2)ショック期

以前述べたレノア・ウォーカーの言う〝暴力のサイクル〟は、容易に断ち切ることはできない。

〝暴力のサイクル〟は男性が主導で起こすだけではない。加害男性が虐待的関係をパートナーに強要することによって、パートナーはその中でも上手くやっていきたいと誠心誠意努力し、彼を何とかよい方向に変えたいと望んでいく。しかし、そう望むこと事態が、パートナー側も知らないうちに〝暴力のサイクル〟を維持するのに役立ってしまうのである。パートナーがDVを解決しようと努力することが、DVの固定化に役立ってしまうとは非常に恐ろしいことである。

〝暴力のサイクル〟を停止するには、男性側にとって、これまで避けてきたために〝自明と思いこんできた価値観〟が揺るがされるような出来事が必要である。例えば、妻が去ること、妻が病気になること、障害が残るほどの大怪我となってしまうこと、弁護士を通じて妻から離婚の希望を伝えられること、子どもが病気や不登校状態になるなど、ショックにも相当するような出来事である。取り返しのつかないことになってしまったという絶望も感じる。そのような出来事が起こっても、自らの価値観にしがみついて変えようとしない男性の方が実際には多い。しかし、立ち直ろうという決意をもった男性は、必ずこのようなショックを経験している。ショックにより、これまでのパートナーや子どもとの歴史を根本から考え直すほど、正面から受け止めるかどうかに、DVからの脱却の分岐点がある。

(3)自己否定の時期

ショックを経験すると、自分がいままで当然として振る舞ってきたことが大きな間違いであったことと受け止める。このように突きつけられることは、当たり前と信じていたものが全否定されるのであるから、まさに安定していた大地が崩壊するほどの恐怖を感じざるを得ない。このような体験に向かい合いたくないので、暴力の正当化・否認を続けてきたのだが、今や逃げられない事態に置かれたのである。

パートナーが立ち去ってしまった現実、同居しているがパートナー・子どもの心身の不調――これらは自分の行動の結果であると、ようやく認識することとなる。当然、そうなると自分を責める言葉が次から次へと湧いてくる。「なぜもっと早く気づかなかったのか」「パートナーは〇〇というような思いでずっとやってきたのでは」「あの時こうすればよかったのに」など、後悔の念が起こっては消えることを延々と繰り返す。

パートナーが立ち去った場合、これからの人生がどうなってしまうかわからない恐怖、パートナーからの〝見捨てられ不安〟が強烈に起こってくる。親兄弟・知人に助け舟を求めて、話を聴いてもらったり、パートナーあるいは彼女の親に間を取り持ってもらおうとしたり、出ていった彼女を懸命に捜し始めたりする。しかしながら、これらは全てDVの克服に向かう試みではなく、DVの〝暴力のサイクル〟を復活する試みなのだ。

多くの場合、前のショック期からこの時期に差しかかる頃に、加害男性の専門相談など、専門的な援助の必要性を感じてそれを決断する。同居している場合も、自ら情報収集する場合と、パートナーから情報提供を受けてプログラム参加を要求される場合があるが、それも同様である。

ここでようやく外部からの協力を得て、痛みに向かい合いながら脱ＤＶの営みが開始されることになる。男性側のＤＶからの離脱とは、〝暴力のサイクル〟のうちの、後悔して思いやりをもつ〝ハネムーン期〟の長期化とも異なるものである。なぜなら、〝暴力のサイクル〟の危険性を理解して、〝ハネムーン期〟そのものも止める試みだからである。

この段階では、これまでの人生で行ってこなかったこと、つまり自分の痛みの部分を他者に対してオープンにすることにまず慣れなければならない。そして、偽りを超えて自分の感情を表現する言葉を取り戻す作業を行う。パートナーが去った場合は、〝孤独でいる能力〟を高めるための工夫も必要だ。パートナーや子どもへの心痛の中に、パートナー・家族への真の意味での愛情を確認していき、エネルギーを蓄え、現在の状況を整理して今後の見通しや、克服までに必要な要件・プランを作っていく。同居の場合は、パートナー側のストレスも高いので、暴力に転落する会話のパターンを発見し、そのパターンから脱却してフェアな関係を作っていくためのロールプレイなどを導入することになるだろう。

⑷建設期

この段階になると、前の時期から開始した〝自分の生き直し〟に手ごたえを感じていく。自分の人生の歴史の中でどこに暴力の芽があったのか、暴力をふるうことによって、自分はパートナーに何を求めていたのか、そのようなパートナーへの要求の理に合わない側面をどう健康な側面に転化していくのかなど、さまざまな探求がなされるだろう。グループでの体験を通じて、自分の問題に正面から取り組む勇気を得たり、他メンバーの話から生き方の修正のヒントを発見したりする。

現実も動いてくる。別居しているパートナーと話し合いがもたれ、今後の人生をどうするか厳しいやりとりになることもある。同居・別居とも、お互いこの相手で人生をともにできるかどうか、試金石となる重要な時期となる。男性にとっては、少し自分に手ごたえが感じられてくると「もう暴力は起こさない、大丈夫だ」と思いたいものである。しかし、ほとんどのカップルで立ち直ろうとする男性は、パートナーから厳しい立場に追い込まれるのである。パートナーとしてはこれまで裏切られ続けてきたので、彼が問題を直視しようとしたとしても、容易に信頼する気持ちにならないのだ。加害男性にとっては、やや順調になってきた兆しも見えたりするので事を早く進めたいのだが、重要なのはパートナーの女性側の気持ちのペースだ。これを最大限尊重できないと、全体の関係が壊れてしまう。希望と不安感が行き来する時期になってくる。

パートナーは、これまでの恨みつらみの蓄積で、「あなたは心を入れ替えたというつもりかもしれないけど、……をするようでは全然変わったとは信じられない。一体どう考えているのか！」と男性を責めることになる。彼としては、攻撃にさらされるのはたまらず「どうか、また暴力をふるうようになるところまで追い込まないでくれ」という思いが出てくるが、それを言うとパートナーは「許せない」とまた責めることになるので、必死で口をつぐんで耐える、ということが起こる。この状況をどう考えるかについては五四ページでまとめて述べたい。

⑸再出発期

再出発期の第一のパターンは家族の再統合である。別居の場合、パートナーの気持ちに整理がつき、男性側が彼女の体調・精神状態や、やり直すための現実的条件(どこにどんな形で住むか、家計や子どもの問題などの重要な対立事項に、彼女が納得できる方針・行動をとれる、など)に十分な理解と対応が蓄積された場合、再同居が実現する。もちろん、暴力克服のプログラムは断続的に活用し、長期的に新たな家庭をどう作り直していくか、人間関係のもち方をより健康的なものにするための取り組みを行っていく。

同居の場合も、自分の弱さを見つめながら、パートナーからの厳しい問い詰めにも逃げずに、自分が自然に相手の気持ちに配慮できる勘所《かんどころ》をつかんでいく。パートナー自身がプログラムを受ける経験と連動しながら、徐々にお互いの信頼感を取り戻していく。家族としてやっていく場合、別居の場合も同様、信頼・安心・尊重といった人生を共にする際に必要な体験を再建していく。脱ＤＶは「暴力のない状態」が最終目標ではない。ＤＶを継続中の加害男性は、相手の気持ち・立場を無視し、自分の思いを最終的に押し通すことしか眼中になかった。ＤＶ克服プロセスが進むにつれて、「暴力をなくす」という否定形表現の目標から、例えば、パートナーを支えたり心を通わせることの安心、といった肯定的表現に重点が移行していくのだ。このような肯定的体験価値をお互いに共有できる健康さは、同時に暴力の最大の予防となるのである。「暴力を止める」目標が留まり続けることは、逆に本人の深い課題克服と成長の力をそぐことになるのである(これも人間がいかにパラドキシカルな存在か、ということの一例である)。

再出発期の第二のパターンは別離の受容である。男性の中には、どうしてもパートナーの受けてきた苦痛な経験、そこから発している彼への要求を正面から受け止められず、これまでの価値観をほとんど変えようとしない方も存在する。DVの離脱のプロセスに入った場合、ペースの主導権を握るのはパートナーの方である。男性が自らのDVを認識し、現実的な対応を変えようとしても、パートナーの心情・生き方を十分理解できないと、男性—女性双方にとって埋められない溝が明確になってくる。パートナーにとって、男性を受け入れる気持ちになれないほど、苦痛が限界を越えてしまっているケースもある。そのような作業を専門相談等を通じて行っていくと、自分にとって人生を共にするに適《かな》わない相手として、別れることを両方が決められるようになるのである。

夫婦としてやってきたカップルの場合、今までの結婚生活はなかったこととして、これから二人の生活を新たに始めようという心構えで、改めて人生のパートナーとして相手を選ぶかどうかを熟考してもらう場合も存在するのである。

加害者プログラムの目的

加害者プログラムはパートナー関係の復活を目的にしている、と考えている被害女性の支援専門家が存在する。しかしこれは実際必ずしもそうではないのが、以上述べたことからもわかるであろう。また、読者の中には「加害男性の価値観や生き方を変えられないとしたら、それは失敗なのではないか」と考える方もおられるかもしれない。

しかし、加害男性のかなりの人はパートナーとの別離を徹底して拒み、ストーカー行為を離婚後でさえも繰り返すことは、よく知られている。加害男性にとって、パートナーが本当に自分に合わない相手だと思えて、しっかり別離できるというのは、非常に健康なあり方であると思えるのである。確かに、DV防止法にプログラム受講義務が盛り込まれれば、より被害女性側の立場を加害男性が認識する圧力が高くなるので、それが望ましいはずである。それは今後に期待しなければならない。一方、現在の暫定的な時期であっても、加害男性が自らの内なる空虚に駆られてストーカー化することの当人の不利益と女性側の苦痛(不利益)を考えれば、加害男性が相手と別離できる力をつけることは、十分有益な成果であると思われるのである。

DVとは、加害者が徹底して相手をコントロールして牛耳る関係である。それゆえ、DVからの脱却を目指す局面では、逆に選択権は女性側にあると見なさねばならない。それゆえ、加害者プログラムは「被害者が関係修復を望む場合は、加害者は修復の方針でどこまで徹底した自己変革を実現できるかを追求し、被害者が別離を望む場合は、加害者は別離を受け入れることがDV克服の目標」と言えるのである。

パートナーと加害男性の力関係の逆転現象

男性が暴力克服の取り組みを始めると、次のような避けられない困難な問題が生じてくる。これまでの力関係が逆転し、女性側が優位にたつことが多い。パートナーは度重なる虐待被害により、わずかのきっかけでフラッシュバックが起こり、その責任を夫に激しく求めることが頻繁に起こるのである。このことを少し具体的に考えてみたい。

例えば、妻は夫の職場に電話をかけ、仕事帰りに電池を買ってくるように頼んだとしよう。夫は頼まれた時点で非常に不安になってくる。「このような簡単なことも忘れるようでは、大変な不誠実と責められるし絶対に忘れてはならないので気が重い、しかし頼みを断ることも不誠実でできない」というプレッシャーに追い込まれるのだ。ところが人間は苦痛なことは忘れやすいので、つい買いそびれたりする。家に帰って忘れたことに気づくと夫からは言い出しにくい。忘れたことに気づかない場合も、そのことが非難の対象となる。このような状況で、妻の中では過去の屈辱的な経験のフラッシュバックが起こり、延々と夫を非難する時間が続いていく。夫としては自分を改めようという気持ちがあるだけに、反論せずじっと耐えたり、事情を説明して、これからは絶対忘れないと前向きな姿勢を示そうと努力するなどさまざまな試みをすることになる。しかし妻としては納得できず、何も言わないのは誠意がない証拠のように思え、前向き姿勢は、夫の度重なる裏切りのためにいっそう不信感をつのらせて怒りに駆られるのだ。

奇妙な言い方に思えるかもしれないが、「夫は妻に脅えている」のである。このような事態に至っても夫婦でいることがお互いに幸福であろうかと、筆者は率直なところ思うことがある。そしてその点を実際尋ねてみることもないわけではないのだが、それぞれの理由で別離には至らない。誤解なきようにつけ加えたいと思うのだが、このような妻の傾向が夫の暴力を引き起こしてきたのではなく、夫からの慢性的暴力の結果による、妻の気持ちの荒れやPTSDがこのような状況を引き起こしている、と理解する必要があるのだ。まさに、夫は単に自分の問題を見つめて暴力を止めるだけでなく、相手に与えてきた精神的苦痛に対する責任をとらねばならない、という立場に追い込まれる。目覚めた加害男性の多くは、前途に相当厳しいものがある。

もともと加害男性は自分の気持ちを率直に表現したり、相手を対等な存在として認めながら、お互い納得できる結論に至るまで努力していく、ということが苦手な人が多い。そこで加害男性の専門相談では、この不足しているコミュニケーション・スキルを修得していくことが目標の一つになる。加害男性は自分の感情の動きを抑圧して生きてきた人が多い。相手から責められると、どうしても苦しい立場なので、耐えて切り抜けようとしたり、矛先をかわす言動になりやすい。必要なのはその対極のあり方であり、無意識の自己防衛の動きに気づいて、自らの人間としての弱さも認め、妻の正当な憤りの必然性を受けとめる姿勢なのである。そして実際には、取り返しがつかないほど相手を苦しめた人間として、全人格を挙げての偽りない誠意を実現するコミュニケーションのトレーニングを、専門相談では徹底して探求することになる。もちろんこれは一朝ーターで得られない困難なプロセスである。

同時に、妻の側も暴力被害のケアを専門に行っている相談室で、自らを癒やす作業が必要ではあるが、これはあくまでも妻側の気持ちが尊重されなければならない。ただしDVの場合、男性ー女性では、利害が非常に対立するので、別々の相談機関での取り組みを原則としている。夫婦での面接は条件を限って、必要性が高いと判断できた場合のみに実施している。どうしてもお互いに考え方の調整が必要な事情があり、男性がパートナーの立場を十分認められる下地ができて、パートナーも彼に脅威を感じることなく対等に話し合えるようになった段階が、それにあたる。

DV克服の枠組み

加害者臨床

筆者は加害男性の心理療法の体系化の経験を通じて、従来の心理臨床とは異なるスタイルの必要性を感じており、それを〝加害者臨床〟と呼称して理論化を進めている。そして加害者のＤＶ克服には次の二つの柱を設定している。

① あらゆる暴力的行為をなくす。

② 被害者に与えてきた苦痛に対して責任をとる。

暴力はどのような理由でも許容されない。それゆえ、暴力行為が減少したとしても、それは決して成果ではなく、①のように全て消失しなければ明らかに無意味である。そして次の②が従来の臨床と決定的に異なるポイントである。パートナーと同居、または交流がある場合、加害男性が暴力克服の歩みを始めると、女性からこれまで踏みにじられてきた数々の出来事をもちだされて、徹底的に責められる状況、すなわち先に述べたように「力関係の逆転現象」が生じる。これは人権侵害をされた側の正当な怒りである。関係が継続するならば、加害者は、このような被害者からの怒りを受けとめ、その責任追及に最大限の誠意をもって応えなければならない。これなくしては被害側は納得がいかず、加害者からの関係改善は不可能である。

しかし私たちは、相手につらい思いをさせた責任に向き合いたくないものである。自分が大変な苦痛を相手に与えてきた事実を認めることは、今までの生き方が無価値になるほどの恐怖を伴うからである。それゆえ、話をうやむやにする／相手のせいにする／このようなことは大したことがないとする／平謝りによって許してもらおうとする／自分と関係ないものとする／など、あらゆる手段を尽くして自分を守りたくなる。そのような自己防衛する理由を思いつくのも極めて容易であり、ジェンダー（男らしさ・女らしさ）をはじめとした暴力肯定的な価値観が社会に満ちあふれているから、それを最大限に活用するのである。加害者は被害者の痛みを感じ取る力を取り戻し、責任性から逃避の姿勢をもたず、その時点で何が本質的に求められているかを見いだし、ぎりぎりの自己表現をしていかねばならない。〝加害者臨床〟はそのような局面の有効な心理臨床的支援を重視する。

②を実現するためには、加害者として本来もつべき健康な世界観を構築することを目的にした治療プログラムである必要がある。一例を挙げよう。加害者は「夫婦の問題だから、お互いが努力するべきだ」と思っている。しかし暴力はパートナー関係における決定的なルール違反である。加害者は自覚の有無にかかわらず、相手をコントロールし、絶対的に優位に立とうとしてきた一方で、パートナーは疲れ果て、恐怖と苦しみに満ちた生活を余儀なくされてきた。この厳然たる事実からすると、加害者はこれ以上被害者に対して負担や苦痛を与えない方針でなければならな

い。加害者は、相手に努力や協力を要求できる対等性をキャンセルする必要がある。

ＤＶ克服のプロセスでは、自己防衛に陥る人間の弱さを見つめつつ、拭《ぬぐ》えないほどの苦痛を与えた人間の真の誠意とは何か、贖罪《しょくざい》とはいかなることか、加害側から率先した公正さの実現はいかにして可能か、など極めて深い実存的問いかけを避けて通れないのである。

「暴力は自分の選択である」という前提

加害男性はパートナーとの間に不快な出来事が起こると、「彼女が自分を怒らせるから暴力に発展する」と受け取る。そして怒りが込み上げるのが当然な状況もあるから、自分の感情を抑えようとしても、暴力の回避は無理と考えがちである。しかしこの考えには重大な錯覚が含まれている。実は怒りと暴力はイコールではない。生きている限り、人間は怒りの感情を体験しないことはありえない。妻とケンカして怒りを感じた夫は、全員暴力をふるっているわけではなく、多くの男性は、怒りに駆られても暴力という破壊的手段に訴えずに、相手も自分も尊重するための解決を自覚せずに行っている。ということは、怒りを暴力につなげているのは自分なのである。暴力のある男性には、不満足を覚える事態に対する適切なスキルが欠けている。怒りを抑えることによって、ＤＶ克服を実現するのは不可能である。加害者プログラムでは、パートナーとのトラブル場面の本質は何かを理解し、相手と調和的関係を実現するためのコミュニケーションの習得を目指していく。さらに、相手のメッセージを偏った枠組みでとらえる〝読み取り違い〟が必ず存在し、怒りを増幅させているが、それを修正する試みも行う。これらは全て暴力が自分の選択であるという前提に立っており、だからこそ変化が可能なのである。

日本の現状に適した加害者プログラムの必要性

筆者が構築してきた加害者プログラム構成やアプローチの理論・技術は、米国で実施されているものとは大幅に異なる。それは主に両国の社会的諸条件の差に由来している。多くの人々は「ＤＶ問題の取り組み先進国である米国ではグループ・プログラムが主体だから、加害者プログラムはグループでなければならない」と考えがちであるが、これは大きな間違いである。米国の加害者プログラムがグループ主体であるのは、法律で強制受講させる制度を採用していることによる側面が大きい。強制されて参加する加害者は、自らの問題を直視する意欲が極めて低い。このような男性層には、グループで対応して、ＤＶとはそもそも何かをビデオ学習し、それをもとにチェックリストで振り返るなど、教育的アプローチから開始し、小グループで討議し、必要に応じてスタッフが介入するなどの方式でなければ意義ある展開にならない。個人心理療法はほとんど適用が無理である。そして、米国では週一回、三二～五二回の長期受講であるが、規定以上の欠席は刑務所行きであるため、強制力におされて何とか参加者数が保たれる。また、裁判所命令により強制受講する加害者数が余りに多いため、グループでなければ対応しきれないという現実も存在する。

しかし、現在の日本では強制受講の制度がないため、任意の受講であり、比較的意欲が備わった加害者(しかし加害者全体からみれば極めてわずかな割合であることが大問題である)が対象となる。それゆえ十分に個人心理療法は可能である。また、強制受講ではないため、数十回のシリーズで長期のグループ・プログラムを行っても参加者が激減してしまう。例えば、自分の興味あるトピックスの講義を聞きたいと決意して、かりに数十回分の受講費を全額前払いしたとしても、最後まで続けられるかどうかを想像すれば、長期にわたるプログラムという設定が現状ではいかに困難かを理解できるであろう。しかも、加害者プラグラムは自分の嫌な部分を見つめるプログラムであるからなおさらである。

さらにグループを嫌う加害者も実際に多いことも困難な要素である。段階的に発展するグループ・プログラムの構成は、強制受講が前提とならざるをえない。それゆえ筆者は経験上、個人心理療法をプログラムの中心に据え、その不足の機能を自助グループ・集団心理療法(暴力克服ワークショップ)という二つのグループ・プログラムで補う方式が、日本の現状に適していると考えている。このように、参加する加害男性層をはじめとした諸条件に即して、適切なプログラム方式を選択することは、臨床実践の基本中の基本である。現在の日本で、「米国にならってグループの加害者プログラムを行っている」とされる団体が存在するが、これは以上のように社会の諸条件を無視しており、しかも、この種のプログラム実施者の技術は不十分なケースが大半で筆者は危惧を禁じ得ない。

専門家研修の必要性について

DV防止法施行とともに、クリニックや相談室に来所する加害男性が増え、これらの臨床・相談現場で加害男性に対応するニーズが高まっている。しかし加害男性の暴力克服を促進するのは極めて困難である。現在広く日本で行われているカウンセリング・心理療法と異なった方針や枠組みが必要であり、単にカウンセリングを行っても、効果が薄いだけでなく有害であることすらある。加害男性の心理療法には、この問題に特殊化した理論と高度な技術が要求される。筆者のもとでは、米国の加害者プログラムとは全く異なる理論体系を構築、独自の治療モデル「多層的介入モデル」にもとづいた心理療法を実施できるまでに発展している。特に、加害者の心理機制を理解し、その自己防衛を丹念に解体していく技法が重要である。本書はこの加害者治療のあくまで入門編で、本格的紹介は後続書に譲る。

米国ではグループによる加害者プログラムが実施されているが、日本の実状に合った加害者プログラムの展開が必要であり、そして専門家研修が急務である。

現在、筆者が代表を務めるメンタルサービスセンター主催と、別に㈳日本産業カウンセラー協会主催による研修講座を実施している。被害者支援との整合性を考慮しつつ、暴力克服を進めるための、最新の心理臨床的アプローチの研修を提供している。この研修は、加害者に対する心理療法の理論の講義、面接実習を含む多様な体験学習によって構成されている。加害者プログラムが義務化されていない日本の制約がありながら、最大限に加害者対応の役割を発揮するためのノウハウを学ぶことができる。

以前、筆者は法務省の研究機関から依頼され、以上のアプローチの集積について、デモンストレーションを交えたレクチャーを行った。その際、一五年にわたりＤＶの調査を行ってきた社会学専攻の米国の大学教官が来日しており、「米国の加害者プログラムでも実施されていない側面を含んでいる」という評価を得ている。国内の学会で幾度となく発表を重ね、世界精神医学会でもワークショップ発表を行った。これまで出会った加害男性の変化を粘り強く促進してきた経験、そして、これらの研修に参加した臨床現場の人々の反応からも、筆者が開発してきたこの加害男性に対する心理療法の方法論が十分有効であることは、どう控えめに評価しようとも筆者の妄想とは思えないのである。ただしこれらは、あくまで変化を望む加害男性に対して有効な方法論であって、変化を望まない加害男性には有効ではなく、それが可能な加害者プログラムは世界のどこにも存在しえないことを付記しておく。参考までに研修内容項目を次に紹介する。

〔加害男性の心理療法：研修内容項目〕

加害行為の本質／加害者治療の理論／加害者治療の多層的介入モデル／ジェンダーと男性の精神病理／パートナーとの別居に伴う強い不安への対応／変化に対する抵抗への対応／モチヴェーションの高め方(不安、苦しみ、自己嫌悪をモチヴェーションに転化する)／妻、恋人との対等なコミュニケーションの作り方／パートナーから責められた時の誠実な姿勢の構築／パートナーからの信頼を取り戻す生き方について／別離の受容／子どもへの対応／偏った認知の修正／怒りの感情を肯定的なものに変容する／恐れの感情の受容／転移、逆転移の理解／他

〃非暴力を伝える音楽〃によるDV問題啓発の試み

最後に、DV問題を広く伝え、人々の関心を高めていくために行われている様々な試みうちのひとつを紹介したい。

DVのような悲惨な出来事が身近に蔓延している事態を認めるのは、我々にとって辛いことであり、見るのを避けたい傾向が厳然と存在する。そのような壁を乗り越えるために開催された、啓発イベントの試みと〃非暴力を伝える音楽〃について述べたい。

それは二〇〇一年一〇月二一日に開催された「DV鎮魂の会」と題する画期的イベントであった。日本において毎年一三〇人内外のDV被害者が亡くなっていることは、意外に知られていない。DVは最悪の場合死に至るのであり、健康被害としても重大な問題でもあるという現実を否認してはならない。

そのような現実を変えたいという目に見えない思いを形に表し、多くの人々を巻き込んでいくタイプのイベントが必要ではないか、という問題意識が筆者の中で生まれていた。さらに、非暴力に対する想いを共有するための音楽、DV問題の存在を伝えるメッセンジャーとしての音楽を

作り出す仕掛けをイベントにする構想も浮かんだ。

そして筆者は、関係者にこの意義への賛同を求めて実行委員会を組織し、準備会を重ねた末、「DV鎮魂の会」は実現したのである。その概略を次に示したい。

●パート1　セレモニー

(1) 著名人からのメッセージ披露：著名人に手紙を郵送して同イベントの意義を知らせ、DVへの関心を深める契機とし、メッセージをいただいて当日に披露した。

(2) 被害者の体験談に耳を傾ける：DVの被害体験を語る方を事前に公募し、体験談に耳を傾けることを通じて、DVをなくすための私たちの真摯な思いを集めた。

(3) 被害女性の魂を鎮めるセレモニー：亡くなった方への追悼を行い、被害者を象徴する白い椅子を舞台に設定して、自分の折った折り紙を捧げるセレモニーを行う。自らの存在価値の回復を目指す全ての被害者に、時間と空間を越えて私たちのメッセージを届けた。

●パート2　ピアノ曲『DVがなくなる日のための「インテルメッツォ（間奏曲）」』初演

曲名は「DVがなくなる日までの間に演奏する曲」という意味である。DVで亡くなった女性の魂を鎮め、DV根絶を目指す精神的内容を象徴的に表現するピアノ曲を、著者が作曲家に委嘱し、同曲の初演を行い、DV問題啓発ツールとしての活用を呼びかけた。初演者でもある作曲者の野村誠氏（京都女子大学専任講師、インドネシア国立芸術大学客員教授）は、英国・ヨーク大学に留学した当時、神戸の大震災で被災した人々のために、ヨーク市で「神戸のためのコンサート」をプロデュースした経験をもっている。その際、地元中学生が作曲した「アースクエイク」を電話で神戸のラジオ局に送り、BBCラジオで紹介されるほどの大きな反響を呼んだ。九一年のソニー・ミュージック・エンタテイメント「NEW ARTIST AUDITION 91」他でグランプリを受賞している。老人施設での共同作曲活動を展開するなど、領域を越えて活躍する新進気鋭の作曲家である。

●パート3　対談「DVを社会からなくすために――被害側・加害側の取り組みと展望」

話題提供者は樋口由美子弁護士と筆者で、DV問題のさらなる解決に向け、その現状と展望を語った。

このような試みは新機軸であったために、助成金を各所に申請しても通らず（作曲料を含め確実に赤字が予想され、それが現実となった）、報道関係に依頼しても記事に取り上げられず、関係者からの理解を得ることが難しく、開催までに言い尽くせないほどの困難を経験した。しかしながら、非暴力の意思が広がることを願い、悲痛な体験を解決のエネルギーに変換する我々の力を確認するために開催され、静かな成功を収めたのである。

【曲について】

この曲は、作曲者と被害女性・DV問題に携わる関係者が作曲準備会をもち、体験談の話し合いや作曲者の即興演奏を交えながら、曲のイメージを探っていく作業をへて作曲された。曲は、一九二〇年前後のフランス音楽風の響きを基調としている。後半三分の一で悲しくも憧憬を秘めたメロディーが現れ、和声などが変化しながら五回繰り返されて、静かに終結する。この曲が作られた目的にふさわしい好曲と思われる。

この曲は純粋に音楽として楽しむことも可能だが、次のような様々な活用法がある。

(1) チャリティー・コンサートの曲目として組む。

(2) DVのイベントを行う際、適切な機会に演奏し、会場の参加者の気持ちを共有するプログラムの一つとして活用する。その際に、次の二つの方法がある。

・イベント主催者があらかじめ演奏者を決めて、演奏してもらう。

・広く演奏者を公募して、この曲に対する関心を促進し、参加者に演奏してもらう。

(3) プロのピアニストにお会いした際に、この曲の役割を理解していただき、楽譜を贈呈する。音楽会の曲目に入ると、プログラムの曲目解説が掲載され、そのことによって聴衆のDV問題に対する関心を促進することができる(職業音楽家によるDV問題啓発の参画と位置づけられる)。

(4) この曲を編曲する(既に鍵盤ハーモニカ四重奏版、クラリネット・アンサンブル版が存在する)。

(5) 外国の方とシンポジウムなどでお会いした際に楽譜を贈呈して、この曲の意義を理解してもらい、活用する運動を展開する。国境を越えてDV根絶の願いのヴァイブレーションを響かせるプロジェクトである(米国の上院議員・弁護士・DV問題の研究調査を専門とする大学教官、国連女子差別撤廃委員会委員長、NGOの理事等に贈呈。贈呈した方々の国籍も、米国・カナダ・チリ・英国・オーストリア・マレーシア・オーストラリア、と多岐にわたっている)。

作曲者のご好意により、演奏時の著作権がキャンセルされているので、いかなる機会でも自由に演奏可能である。イベントでの演奏や曲が流されることは、私たちの非暴力の祈りが、音楽というシンボルの形をとって伝わり続けることを意味する。この曲が、ＤＶ問題に対する社会全体の注目度を高める仕掛けとなるよう、多くの方からアイディアをいただき、この曲に内在する豊かな可能性を引き出していくことを提案したい（この曲を公開で演奏したりイベントで使った方はメンタルサービスセンターまでお知らせください。インターネット等を通じて［ホームページ開設準備中］、この曲の活用の広がりを多くの方に伝えていきます）。作曲者・野村氏が全国でこの曲を演奏している。また、筆者は〝講演＋同曲のピアノ演奏〟という新しいスタイルの講演活動を展開している。そして、この曲が聴かれることも演奏されることもない日が来ることを目指して、様々な共感の輪が広がっていくことを願うのである。

＊この曲についてのお問い合わせは、七〇ページの筆者の相談センターまでお願いします。

おわりに

親密さと暴力の関係の脱錯覚が必要である。私たちは「愛情表現としての暴力が存在する」という幻想を捨てなければならない時期にきている。男性－女性が、異性への不適切な思い込みや幻想を捨て、本当の意味でお互いに向き合い、尊重し合う努力をしていくために、DVについて考えるのは、今や避けて通れない。親密な関係では、本来誰もが心を通わせたい、仲よくしたいと思うはずである。しかしどれだけ相手から傷つけられ、暴力によって理不尽な思いをしても、被害側の責任に押し込められ、暴力とすら認知されず、苦しむしかなかったのである。それを前提に、加害側は安心して暴力的であり続けることができた。我々はこれほど愚かなことから目をそらしてきたのである。両性が対等のパートナーシップを建設していくための文化を今まで生み出せなかったことを、私たちは率直に認めなければならない。被害者支援の拡充は疑いなく必要である。一方で私たちは、痛みをもって、これら自覚せずにきた暴力肯定の価値観を問い直し、加害側から暴力を乗り越えようとする、最初の時代に生きていることを自覚すべきなのである。他者を苦しめることによって得られる利益は空しいものであることに一刻も早く気づき、率先して自己変革を試みようとする加害男性が増えることを心から祈念したい。

【著者・草柳和之の主宰する心理相談センター】

メンタルサービスセンター：電話　〇三-三九九三-六一四七　URL=http://www5e.biglobe.ne.jp/~m-s-c/
◎DV相談、暴力克服プログラムに関するお問い合わせ　一〇時～一九時（月～土）
◎専門家対象のプログラム
・ストップ・ザDV研究会：毎月第三火曜日　一九時～二一時
・DV加害者心理療法トレーニング：冬季に土日の二日間で開催
・DV被害者対応スキルアップ研修会：夏季に土日の二日間で開催
◎DV加害者向け啓発パンフレットの発行

野村誠作曲『DVがなくなる日のための「インテルメッツォ（間奏曲）」』
※原曲は約六分。鍵盤ハーモニカ四重奏版・即興演奏等を含む全八曲、計三〇分。
CD発行元：エアプレーンレーベル：〒一〇一-〇〇五一　千代田区神田神保町二-一二　神栄ビル2F
電話　〇三-三二三〇-七〇一五
楽譜発行・問い合わせ：メンタルサービスセンター

【初出一覧】（本書は以下の論文を大幅に加筆・修正したものである）
草柳和之「愛情と暴力の遠くて近い関係」――『アエラムック　恋愛学のすすめ』（朝日新聞社　一九九九年六月）
草柳和之「バタラーが自らに向かい合う時」――『なかま通信 No.18』（一九九九年八月一日）
草柳和之「ドメスティック・バイオレンス――男性への取り組みを通じて」――『世界　No.667』（岩波書店　一九九九年一一月）

「岩波ブックレット」刊行のことば

今日、われわれをとりまく状況は急激な変化を重ね、しかも時代の潮流は決して良い方向にむかおうとはしていません。今世紀を生き抜いてきた中・高年の人々にとって、次の時代をになう若い人々にとって、また、これから生まれてくる子どもたちにとって、現代社会の基本的問題は、日常の生活と深くかかわり、同時に、人類が生存する地球社会そのものの命運を決定しかねない要因をはらんでいます。

十五世紀中葉に発明された近代印刷術は、それ以後の歴史を通じて「活字」が持つ力を最大限に発揮してきました。人々は「活字」によって文化を共有し、とりわけ変革期にあっては、「活字」は一つの社会的力となって、情報を伝達し、人々の主張を社会共通のものとし、各時代の思想形成に大きな役割を果してきました。

現在、われわれは多種多様な情報を享受しています。しかし、それにもかかわらず、文明の危機的様相は深まり、「活字」が歴史的に果してきた本来の機能もまた衰弱しています。今、われわれは「出版」を業とする立場に立って、今日の課題に対処し、「活字」が持つ力の原点にたちかえって、この小冊子のシリーズ「岩波ブックレット」を刊行します。

長期化した経済不況と市民生活、教育の場の荒廃と理念の喪失、核兵器の異常な発達の前に人類が迫られている新たな選択、文明の進展にともなって見なおされるべき自然と人間の関係、積極的な未来への展望等々、現代人が当面する課題は数多く存在します。正確な情報とその分析、明確な主張を端的に伝え、解決のための見通しを読者と共に持ち、歴史の正しい方向づけをはかることを、このシリーズは基本の目的とします。

読者の皆様が、市民として、学生として、またグループで、この小冊子を活用されるように、願ってやみません。

（一九八二年四月　創刊にあたって）

草柳和之（くさやなぎ・かずゆき）

メンタルサービスセンター代表・カウンセラー。大東文化大学講師。長年、DV被害者支援に携わると同時に、日本で初めてDV加害者更生プログラムの実践と研究に着手、その方法論の整備、専門家向けトレーニングの提供などにより、この分野をリードしてきた。TV出演、全国にわたる講演活動、執筆活動を通じて、男性がDVや性暴力の問題に取り組む重要性を社会に向けて提言し続けている。海外のDV問題関係者からも、その独自な加害者プログラムの方法論が評価され始めている。日本カウンセリング学会東京支部会・運営委員。民間相談機関連絡協議会幹事。NPO法人・日本ホリスティック医学協会理事。著書に『DV加害男性への心理臨床の試み――脱暴力プログラムの新展開』（新水社）、共著に『標準 音楽療法入門下』（春秋社）、『いのちに寄り添う道』（一橋出版）他多数。日本カウンセリング学会認定カウンセラー。

読者の皆さまへ

岩波ブックレットは，タイトル文字や本の背の色で，ジャンルをわけています．

赤系＝子ども，教育など
青系＝医療，福祉，法律など
緑系＝戦争と平和，環境など
紫系＝生き方，エッセイなど
茶系＝政治，経済，歴史など

これからも岩波ブックレットは，時代のトピックを迅速に取り上げ，くわしく，わかりやすく，発信していきます．

◆岩波ブックレットのホームページ◆

岩波書店のホームページでは，岩波書店の在庫書目すべてが「書名」「著者名」などから検索できます．また，岩波ブックレットのホームページには，岩波ブックレットの既刊書目全点一覧のほか，編集部からの「お知らせ」や，旬の書目を紹介する「今の一冊」，「今月の新刊」「来月の新刊予定」など，盛りだくさんの情報を掲載しております．ぜひご覧ください．

▶岩波書店ホームページ　http://www.iwanami.co.jp/◀
▶岩波ブックレットホームページ　http://www.iwanami.co.jp/hensyu/booklet◀

◆岩波ブックレットのご注文について◆

岩波書店の刊行物は注文制です．お求めの岩波ブックレットが小売書店の店頭にない場合は，書店窓口にてご注文ください．なお岩波書店に直接ご注文くださる場合は，岩波書店ホームページの「オンラインショップ」(小売書店でのお受け取りとご自宅宛発送がお選びいただけます)，または岩波書店〈ブックオーダー係〉をご利用ください．「オンラインショップ」，〈ブックオーダー係〉のいずれも，弊社から発送する場合の送料は，1回のご注文につき一律380円をいただきます．さらに「代金引換」を希望される場合は，手数料200円が加わります．

▶岩波書店〈ブックオーダー〉　☎049(287)5721　FAX 049(287)5742◀